LES CONDITIONS

DE LA

NATIONALITÉ DES NAVIRES

D'APRÈS

LA LÉGISLATION DES DIFFÉRENTS PAYS MARITIMES

Par Henri FROMAGEOT

DOCTEUR EN DROIT, AVOCAT A LA COUR D'APPEL DE PARIS

PARIS

LIBRAIRIE MILITAIRE R. CHAPELOT ET Cⁱᵉ

IMPRIMEURS-ÉDITEURS

30, Rue et Passage Dauphine, 30

—

1903

LES CONDITIONS

DE LA

NATIONALITÉ DES NAVIRES

D'APRÈS

LA LÉGISLATION DES DIFFÉRENTS PAYS MARITIMES

Extrait de la **REVUE MARITIME**

(Septembre 1902)

LES CONDITIONS

DE LA

NATIONALITÉ DES NAVIRES

D'APRÈS

LA LÉGISLATION DES DIFFÉRENTS PAYS MARITIMES

Par Henri FROMAGEOT

DOCTEUR EN DROIT, AVOCAT A LA COUR D'APPEL DE PARIS

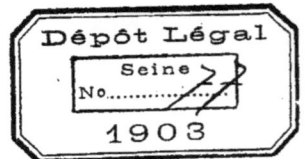

PARIS

LIBRAIRIE MILITAIRE R. CHAPELOT et Cᵉ

IMPRIMEURS–ÉDITEURS

30, Rue et Passage Dauphine, 30

—

1903

LES CONDITIONS

DE LA

NATIONALITÉ DES NAVIRES

D'APRÈS

LA LÉGISLATION DES DIFFÉRENTS PAYS MARITIMES

A plusieurs points de vue, il est utile de connaître exactement et de comparer les conditions qui, dans les différents pays maritimes, déterminent la nationalité des navires et le droit de porter le pavillon national. Tout d'abord, le commerce a intérêt à connaître les dispositions des lois à cet égard pour s'y conformer. En second lieu, au point de vue de la pratique du droit international, les commandants des bâtiments de guerre et les tribunaux de prises y ont également intérêt, afin de pouvoir s'assurer du droit de porter un pavillon neutre. En outre, en droit international privé, la loi applicable au cas de conflit, se détermine souvent par la nationalité du navire. Enfin, ces conditions fondamentales du commerce de mer sont dignes de fixer l'attention, car, dans bien des cas, elles constituent des mesures protectrices des industries et de la population maritimes, et la condition d'où dépend la jouissance des droits, privilèges, ou avantages accordés au pavillon national.

En vue de répondre à ces différents intérêts, des résumés ou tableaux ont été publiés à plusieurs reprises, donnant les conditions requises dans chaque pays, pour porter le pavillon national. Le premier volume des documents de l'enquête sur la marine marchande de 1862, contient un exposé résumé de la législation de chacun des principaux États étrangers[1]. Sous forme de tableau, le même travail a été présenté en 1871, par M. Barboux, à la suite de son recueil des décisions du Conseil des prises pendant la guerre franco-allemande[2]; ce même tableau a été reproduit en annexe des travaux de l'enquête sur la marine marchande de 1873-1874[3], et postérieurement, par un certain nombre de traités de droit maritime ou de droit international, avec plus ou moins de modifications.

Soit par l'effet de lois nouvelles, soit par suite d'erreurs commises, ces renseignements ne sont plus exacts aujourd'hui. En outre, dans le travail fait en 1863, le *texte* des lois n'a pas été donné, mais seulement une analyse, et, dans les tableaux qui se sont ensuite inspirés de ce premier travail on ne trouve même aucune référence à l'appui des règles énoncées comme étant en vigueur dans tel ou tel pays. Il en résulte une incertitude et un doute pour le lecteur, car la meilleure analyse est toujours inférieure à la connaissance du texte exact; *a fortiori* faute de connaître au moins la date de la loi ou l'article du Code qui édicte telle ou telle prescription, il est impossible de se reporter au texte original et de savoir si ce texte est encore en vigueur, s'il a été au contraire abrogé ou modifié.

Il y a là une lacune souvent signalée[4] et nous avons essayé de la combler. Pour les raisons exposées ci-dessus, nous avons donné d'abord, pays par pays, le texte en vigueur sur la nationalité des navires et le droit de porter le pavillon, puis nous avons dressé un

---

[1] *Ministère du commerce. Enquête sur la marine marchande* (3 vol. in-fol. Paris, Imprimerie Nationale, 1863), tome I, p. 37 et suiv.

[2] Henri Barboux, *Jurisprudence du Conseil des prises pendant la guerre de 1870-1871* (1 vol. Paris), p. 156.

[3] *Ministère du commerce. Commission chargée d'examiner les moyens de venir en aide à la marine marchande* (1 vol. in-fol. Paris, Imprimerie Nationale, 1874), p. 493.

[4] Voir Lyon-Caen et Renault, *Traité de Droit commercial*, tome V, p. 43, note 1.

tableau résumant ces diverses dispositions, avec la simple indication des sources.

ALLEMAGNE.

N.-B. — Aux termes de la Constitution de l'empire allemand, du 16 avril 1871 [1], art. 54 : « Les navires de commerce de tous les États de la Confédération constituent une seule marine marchande. — L'Empire..... règle la délivrance des lettres de jaugeage et des certificats de navigation ; il fixe les conditions moyennant lesquelles on est admis à conduire un navire. »

Loi du 22 juin 1899 concernant le droit de porter le pavillon pour les navires de commerce. [*Gesetz bettrefend das Flaggenrecht der Kauffahrteischiffe.* — *Reichsgesetzblatt*, 1899 XXIV, n° 2,584, p. 319]. — Cette loi abroge les lois antérieures du 25 octobre 1867 et du 15 avril 1885 [2]. — NATIONALITÉ DES PROPRIÉTAIRES. — *Art.* 2. Les navires de commerce n'ont le droit de porter le pavillon d'Empire qu'autant qu'ils sont la propriété exclusive de personnes ayant la nationalité d'Empire. — Doivent être assimilées aux nationaux d'Empire : les sociétés de commerce en nom collectif et les sociétés en commandite lorsque les associés personnellement responsables sont tous nationaux d'Empire, — les autres sociétés de commerce, les associations coopératives enregistrées et les personnes morales, lorsqu'elles ont leur siège social sur le territoire, — et les sociétés en commandite par actions seulement lorsque les associés personnellement responsables sont tous nationaux d'Empire. — CONSTRUCTION. [Libre.] — NATIONALITÉ DU CAPITAINE ET DE L'ÉQUIPAGE. [Libre.]

ARGENTINE (République).

Code de commerce (du 5 octobre 1889, en vigueur du 1er mai 1890) livre III [3]. — NATIONALITÉ DES PROPRIÉTAIRES. — *Art.* 875. La

---

[1] Voir Dareste, *Les Constitutions modernes. Recueil des Constitutions actuellement en vigueur dans les divers États*, etc..... 2e édition, 1894.

[2] Le texte ci-dessous est extrait de la traduction complète annotée que nous avons donnée dans l'*Annuaire de Législation étrangère* de la Société de Législation comparée, tome XXII (1900).

[3] *Colección de códigos y leyes usuales. Codigo de comercio de la Republica Argentina.* Nueva edicion conforme al texto oficial (Buenos-Ayres, 1896). — *Republica Argentina. Digesto de marina. Recopilacion de leyes, decretos..... que corresponden à la marina mercante y de guerra.....,* por Juan Goyena. Publicacion oficial (Buenos-Ayres, 1884).

propriété des navires marchands peut appartenir indistinctement à toute personne qui, en vertu des lois générales, possède la capacité d'acquérir ; mais l'expédition doit être faite sous le nom et la responsabilité directe d'un propriétaire ayant part ou armateur ayant les qualités requises pour faire le commerce[1]. — NATIONALITÉ DU CAPITAINE ET DE L'ÉQUIPAGE. Décret du 6 avril 1875[2]. — *Art.* 1er. A partir du 1er juillet, tous les navires nationaux de cabotage auront à bord au moins un national argentin majeur de quinze ans[3] comme équipage et comme représentant du pavillon. Décret du 9 septembre 1880. — *Art.* 1er. Tout patron de navire de cabotage national qui ne pourra avoir à son côté un marin argentin, devra solliciter de la capitainerie du port, sur papier timbré de 1 peso, à chaque voyage, l'autorisation de naviguer sans ledit marin. — CONSTRUCTION. [Pas de règle.]

AUTRICHE-HONGRIE.

N.-B. — Il y a un même droit de pavillon pour les navires autrichiens et les navires hongrois. Aux termes du traité de douane et de commerce austro-hongrois du 28 juin 1871, art. 6, § 4 : « Au point de vue de l'exercice de la navigation et de la pêche maritime, les navires et les nationaux des deux pays seront traités de la même manière dans l'un et dans l'autre. Les certificats de capacité délivrés aux gens de mer seront subordonnés dans les deux pays aux mêmes conditions et y auront la même valeur. »

Loi du 7 mai 1879 sur l'enregistrement des navires de commerce. [*Gesetz vom 7 mai 1879 über die Registrirung der Seehandelsschiffe.*— R. G. B. 1879, XXV Stück n° 65][4]. — La loi hongroise, identique à la loi autrichienne a été sanctionnée le 9 avril 1879 [1879, Loi XVI]; les mots *Autriche* et *autrichien* sont remplacés par *Hongrie* et *hongrois.* — *Art.* 1er. Sera considéré comme navire de commerce autrichien ayant le droit et l'obligation de porter le pavillon prescrit par la loi pour les navires de commerce autrichiens, tout navire enregistré dans le registre des navires, conformément aux

---

[1] Aux termes des articles 9 et 10 du Code de commerce argentin : « toute personne qui, suivant le droit commun, possède la libre administration de ses biens, a la capacité de faire le commerce », et « toute personne majeure de 18 ans peut faire le commerce pourvu qu'elle justifie avoir été émancipée ou légalement autorisée ».

[2] *Digesto de marina,* p. 590.

[3] L'âge de 15 ans a été fixé postérieurement, au lieu de 17 ans, *Resolucion* du 17 août 1875 [*ibid.*].

[4] Voir la traduction du texte entier de cette loi par M. Ch. Lyon-Caen dans l'*Annuaire de Législation étrangère* de la Société de Législation comparée, tome IX, page 301.

dispositions de la présente loi, ou pourvu d'un congé provisoire [1]. — NATIONALITÉ DES PROPRIÉTAIRES. — *Art. 2.* L'inscription dans le registre des navires ne peut avoir lieu qu'autant que le navire appartient, au moins pour les deux tiers à des Autrichiens. Il faut assimiler aux Autrichiens les sociétés par actions constituées en Autriche et y ayant leur siège [2]. — NATIONALITÉ DU CAPITAINE. — *Art. 3.* Tout navire de commerce autrichien doit être commandé par un Autrichien et, quand il fait la navigation au long cours, avoir à bord, outre le capitaine, un pilote autrichien. — NATIONALITÉ DE L'ÉQUIPAGE. [Pas de règle [3].] — CONSTRUCTION. [Pas de règle.]

BELGIQUE.

Loi du 20 janvier 1873 *sur les Lettres de mer.* Cette loi abroge expressément (art. 21) celle du 14 mars 1819, qu'avaient ultérieurement modifiée celles des 19 juin 1856 et 26 mars 1862. — NATIONALITÉ DES PROPRIÉTAIRES. — *Art. 1er.* Les navires de mer doivent être munis, pour naviguer sous pavillon belge, d'une lettre de mer conforme aux dispositions de la présente loi. — *Art. 2.* Il ne sera délivré de lettres de mer qu'à des navires appartenant pour plus de moitié : *a)* à des Belges ; *b)* à des sociétés commerciales auxquelles la loi reconnaît une individualité juridique et qui ont leur siège en Belgique ; *c)* à des étrangers ayant une année de résidence continue en Belgique ; *d)* à des étrangers qui ont établi leur domicile en Belgique avec l'autorisation du roi. — NATIONALITÉ DU CAPITAINE ET DE L'ÉQUIPAGE. [Pas de règle.] — CONSTRUCTION. [Pas de règle.]

BRÉSIL.

Code de commerce du 24 octobre 1890. Le code de 1890 reproduit, sauf quelques modifications, le code du 25 juin 1850, sauf la troisième partie relative aux faillites. — NATIONALITÉ DES PROPRIÉTAIRES. — *Art. 457.* Pourront uniquement jouir des prérogatives et avantages

---

[1] Aux termes de l'article 25, § 2 de la même loi : « Le congé provisoire ne doit pas être délivré si le navire a appartenu, jusqu'au moment de sa transmission à des Autrichiens, à une nation actuellement en guerre ».

[2] Antérieurement, la propriété devait être exclusivement autrichienne.

[3] Antérieurement, les deux tiers au moins de l'équipage devaient être de nationalité autrichienne.

accordés aux navires brésiliens, les navires qui appartiendront véritablement aux sujets du pays, sans qu'aucun étranger y ait participation ni intérêt... § 3. Les sujets brésiliens domiciliés en pays étranger ne pourront être propriétaires de navires brésiliens, à moins qu'une maison de commerce brésilienne établie sur le territoire ne participe à cette propriété [1]. — NATIONALITÉ DU CAPITAINE. — *Ibid.* *Art.* 496. Pour être capitaine ou patron d'un navire brésilien, mots qui sont synonymes dans le présent code pour tous les effets juridiques, il sera nécessaire d'être sujet brésilien domicilié dans le pays et d'avoir la capacité civile requise pour contracter valablement. — NATIONALITÉ DE L'ÉQUIPAGE. [Libre.] — CONSTRUCTION. [Libre.]

CHILI.

Acte de navigation (*Ley de navegacion*) du 24 juin 1878 [2]. Titre I. De la nationalité des navires chiliens. — NATIONALITÉ DU PROPRIÉTAIRE. — *Art.* 2. Pour être propriétaire de navire chilien, il faut être citoyen naturel ou légal de la République. — *Art.* 3. Pourra l'être également tout étranger domicilié au Chili, qui a une maison de commerce établie dans le pays ou qui y exerce une profession ou industrie. — *Art.* 4. Aucun Chilien établi en dehors du territoire de la République ne pourra être propriétaire de tout ou partie d'un navire chilien, si ce n'est dans les cas suivants : 1° s'il est propriétaire ou associé collectif ou commanditaire d'une maison de commerce établie au Chili, à condition qu'il y ait un capital ou un intérêt égal à la moitié de la valeur du navire ; 2° s'il fournit caution égale à la moitié de la valeur du navire à la satisfaction de la Comandancia Jeneral de la Marina ; 3° s'il est consul ou vice-consul de la République. — *Art.* 5. Le Chilien qui aura perdu le droit de citoyenneté pour les causes exprimées dans la Constitution, ne pourra être propriétaire de tout ou partie d'un navire chilien à moins d'obtenir sa réhabilitation. — NATIONALITÉ DU CAPITAINE. [Pas de régle.] — NATIONALITÉ DE

---

[1] Un arrêté du ministre de la justice du 4 mai 1886 (*Recueil des Lois brésiliennes*, 1886, p. 16, n° 25) vise spécialement la capacité de la femme brésilienne d'être propriétaire d'un navire battant pavillon brésilien.

[2] *Boletin oficial*, tome XLVI. p. 221. On trouvera également cette loi dans le recueil de L.-A. Boza y Ricardo Anguita, *Legislacion politica, administrativa i judicial o sea coleccion completa de la leyes i decretos dictados en Chile*, etc. (Santiago de Chile 1898), tome II, part. 7, Ministerio de marina, p. 1217.

L'ÉQUIPAGE. — *Même loi. Art.* 6. L'équipage de tout navire national devra comprendre au moins un tiers de citoyens chiliens. Aucun individu appartenant à une nation se trouvant en guerre avec la République, ne pourra faire partie de l'équipage d'un navire chilien, sous peine d'une amende de 100 à 1,000 *pesos*, que payera l'armateur. — *Art.* 7. Le Président de la République, d'accord avec le Conseil d'État, peut déclarer, en cas d'armement extraordinaire des navires de guerre ou autres analogues, que la proportion de marins chiliens sur les navires nationaux sera inférieure à celle établie par la présente loi ; et tant que restera en vigueur cette déclaration qui sera donnée pour un temps limité, les navires qui navigueront en s'y conformant seront réputés régulièrement équipés. — CONSTRUCTION. [Pas de règle.]

DANEMARK.

N.-B. — Le Danemark, la Suède et la Norvège ont un code maritime uniforme[1], respectivement entré en vigueur en 1892, 1893 et 1894. Toutefois, l'accord sur les conditions de la nationalité des navires n'a pu être réalisé entre les trois pays scandinaves.

Loi maritime du 1er avril 1892. [*Söloven of 1 april* 1892, *B. n*o 56.[2]] — NATIONALITÉ DES PROPRIÉTAIRES. *Art.* 1er. Pour qu'un navire ait le droit de naviguer sous pavillon danois, il faut, ou bien qu'il soit pour les deux tiers au moins la propriété des personnes qui possèdent l'indigénat danois sans avoir été naturalisées dans un État étranger, ou qui sont ou ont été domiciliées pendant 5 ans au moins dans l'État danois, ou bien qu'il appartienne à une société par actions dont l'administration a son siège dans l'État danois et se compose d'actionnaires qui remplissent les conditions précitées. — *Art.* 10. Si un navire appartient à plusieurs armateurs, ils doivent nommer un armateur-gérant qui doit être sujet danois et domicilié dans ce royaume. — CONSTRUCTION. [Pas de règle.] — NATIONALITÉ DU CAPITAINE ET DE L'ÉQUIPAGE. [Pas de règle.]

[1] Voir L. Beauchet, *Lois maritimes scandinaves* (*Suède, Danemark, Norvège*), *traduites et annotées* (Paris, Imprimerie Nationale, 1895) dans la *Collection des codes étrangers*, publiée par le Comité de législation étrangère institué près le ministère de la justice, avec le concours de la Société de Législation comparée.

[2] La formalité de l'enregistrement des navires est régie par une loi spéciale du 1er avril 1892 (*Lov om danske Skibes Registrering*, B., no 57).

ÉGYPTE.

Il n'y a pas à proprement parler de navires de nationalité égyp-
tienne. En principe la législation est la législation ottomane et le
Code de commerce maritime mixte égyptien se borne à reproduire la
disposition du Code de commerce maritime ottoman ; toutefois, par
une anomalie qu'on n'explique guère, le code égyptien reproduit
l'ancien texte ottoman et non le texte modifié en 1870 (voir *Turquie*),
bien que les codes égyptiens soient postérieurs à ces modifications.
Quoi qu'il en soit, le texte actuel est le suivant[1]. — NATIONALITÉ DES
PROPRIÉTAIRES. — *Code de commerce maritime. Art.* 1er. A moins
d'être sujet ottoman, nul ne peut être propriétaire en tout ou partie
d'un navire portant pavillon ottoman, ni faire partie d'une société
quelconque formée pour l'exploitation de tels navires. — *Art.* 2.
Les sujets ottomans peuvent acquérir la propriété d'un navire étranger et le faire naviguer sous pavillon ottoman aux mêmes conditions
que les navires nationaux. — NATIONALITÉ DU CAPITAINE ET DE L'ÉQUI-
PAGE. [Libre,] — CONSTRUCTION. [Libre.]

ESPAGNE.

La nationalité des navires et le droit de porter le pavillon sont
l'objet, en Espagne, d'un grand nombre de dispositions éparses dont
les plus topiques paraissent être les suivantes[2]. — NATIONALITÉ DES
PROPRIÉTAIRES. — *Ordonnance royale du 29 mai* 1871. Si les étrangers
peuvent acquérir des navires espagnols, il ne leur est pas permis de
les mettre sous pavillon espagnol et encore moins de les affecter au
commerce de cabotage. — NATIONALITÉ DU CAPITAINE. *Code de commerce* (de 1886) — *Art.* 609. Les capitaines et les patrons devront
être Espagnols, avoir la capacité légale de s'obliger, etc... — NATIO-
NALITÉ DE L'ÉQUIPAGE — *Ibid. Art.* 634. Le capitaine pourra composer

---

[1] *Codes des tribunaux mixtes d'Égypte précédés du règlement d'organisation judi-
ciaire* (Alexandrie, 1896). — *Code de commerce maritime.*

[2] Voir E. Agacino, *Guia del marino mercante* (Cadiz, 1896). Parte legislativa, p. 4
et suiv.; — du même auteur, *Diccionario de la Legislación maritima* (Madrid, 1888),
vº *Abanderamiento;* — Santiago Oliva y Bridgman, *Novisimo Diccionario de Legislación y Jurisprudencia* (Barcelona, 1888-1889), tome I, vº *Abanderamiento*, tome III,
vº *Buques.* — Le Code de commerce espagnol a été traduit par M. H. Prudhomme
(Paris, 1891).

l'équipage de son navire du nombre d'hommes qu'il jugera convenable et, à défaut de marins espagnols, il pourra embarquer des étrangers domiciliés dans le pays sans que, toutefois, leur nombre puisse dépasser le cinquième de l'équipage. Lorsque dans des ports étrangers, le capitaine ne trouvera pas un nombre suffisant de matelots nationaux, il pourra compléter l'équipage avec des étrangers, avec l'adhésion du consul ou des autorités de la marine. — CONSTRUCTION. *Ordonnance royale du 22 novembre* 1868. *Art.* 1er. Est permise l'introduction, dans les domaines espagnols, des navires de toutes classes, tant en bois qu'en acier, moyennant le payement des droits suivants...

ÉTATS-UNIS D'AMÉRIQUE [1].

NATIONALITÉ DES PROPRIÉTAIRES. — Statuts revisés [*Revised Statutes*] art. 4131, modifié par la loi du 28 mai 1896 [*An Act to amend section 4131 Revised Statutes of the United States, to improve the merchant marine engineer service, etc. Act.* 1896, ch. 255]. Seront réputés navires américains et auront seuls droit aux avantages et privilèges leur appartenant, les navires enregistrés conformément à la loi et aucun autre, sauf les navires dûment qualifiés conformément à la loi pour se livrer au cabotage côtier et à la pêche, ou à l'un des deux. Toutefois, lesdits bâtiments ne participeront auxdits privilèges qu'autant qu'ils appartiendront en entier à des citoyens américains ou à une société constituée conformément aux lois d'un des États de l'Union. — NATIONALITÉ DU CAPITAINE. (*Même article.*) ... et qu'ils seront commandés par un citoyen américain. — NATIONALITÉ DE L'ÉQUIPAGE. (*Même article*). Tous les officiers des navires américains qui seront chargés de la conduite du navire, y compris les pilotes, seront également dans tous les cas des citoyens américains [2]. Le mot officier comprendra le chef mécanicien et chacun des aides-mécaniciens chargés du service à bord des navires, ayant

[1] *Laws of the United States relating to navigation and the merchant marine* (Washington, Government Printing Office).
[2] Aux termes du même article 4131, modifié par les lois du 26 juin 1884, art. 1er, et du 28 mai 1896, art. 3 : « Lorsque dans un voyage au long cours ou dans un voyage d'un port des États-Unis sur l'Atlantique à un autre port des États-Unis sur le Pacifique, un navire des États-Unis est, pour une raison quelconque, privé des services d'un officier d'un grade inférieur à celui de capitaine, sa place, ou la vacance causée par la pro-

en tout ou en partie la vapeur comme moyen de propulsion. A dater du 1er janvier 1897, nul ne pourra avoir qualité pour être porteur d'une licence de commandant ou d'officier à bord d'un navire de commerce américain s'il n'est citoyen né ou définitivement naturalisé américain.

N.-B. — En ce qui concerne les paquebots-poste, aux termes de l'article 3 de la loi du 3 mars 1891 : « à chaque départ des États-Unis, la proportion suivante de l'équipage devra se composer de nationaux américains, savoir : pendant les deux premières années du contrat postal, un quart de l'équipage ; pendant les trois années suivantes, un tiers ; et pendant les années suivantes, au cours du contrat, la moitié au moins.....».

. . . .— CONSTRUCTION. *Statuts revisés.* — *Art.* 4132. Les navires construits aux États-Unis et appartenant entièrement à des nationaux, ainsi que les navires pouvant être capturés en guerre par des citoyens américains et légalement condamnés comme prises, ou pouvant être déclarés confisqués pour contravention aux lois des États-Unis, et appartenant entièrement à des nationaux, et aucun autre, pourront être enregistrés comme il est prescrit au présent titre.

FINLANDE.

Code maritime du 9 juin 1873[1]. — NATIONALITÉ DES PROPRIÉTAIRES. — *Art.* 6. L'acte de nationalité doit indiquer, conformément au certificat de construction, le nom, le mode de construction et de gréement du navire ainsi que le lieu et l'époque où il a été construit ou reconstruit en Finlande ou à l'étranger. Cet acte portera aussi l'attestation que les propriétaires sont Finlandais de même que le capitaine. Si le droit du propriétaire ne peut être pleinement justifié autrement, celui-ci sera admis à l'établir par serment. Si le navire appartient à une société par actions légalement constituée, qui ait son siège dans le pays et dont la direction se compose de citoyens finlandais, l'acte de nationalité pourra être délivré à cette société. — *Art.* 9. Il est interdit de vendre à un étranger une part dans la propriété d'un navire. — NATIONALITÉ DU CAPITAINE. — *Art.* 31. Le commandant d'un navire finlandais destiné à faire le commerce

motion d'un autre officier à sa place, peut être attribuée à une personne n'étant pas citoyen des États-Unis, jusqu'au premier retour dudit navire à son port d'attache ».

[1] Ce code, mis en vigueur en 1874, a été publié en français sous le titre : *Code maritime suivi de l'ordonnance du 15 avril 1874, concernant le commandement des navires.* 1 vol. Helsingfors, Imprimerie de l'État, 1877.

ou à transporter des voyageurs ne peut être confié qu'à un citoyen finlandais, ayant fait preuve des connaissances, etc... [V. également art. 6 ci-dessus.] — NATIONALITÉ DE L'ÉQUIPAGE. [Pas de condition.] — CONSTRUCTION. — [Libre. Argt. art. 6 ci-dessus.]

FRANCE.

NATIONALITÉ DU CAPITAINE ET DE L'ÉQUIPAGE. — *Décret du 21 septembre 1793, contenant l'acte de navigation. Art. 2.* Après le 1er janvier 1794 aucun bâtiment ne sera réputé français, n'aura droit aux privilèges des bâtiments français. . . [*v. ci-après*]. . . si les officiers et les trois quarts de l'équipage ne sont pas français. [N. B. Cette disposition a été étendue au personnel des machines par décret du 21 avril 1881, art. 2.] — NATIONALITÉ DES PROPRIÉTAIRES. — *Loi du 9 juin* 1845, *relative aux douanes. Art.* 11. L'article 2 de la loi du 21 septembre 1793 est abrogé dans la disposition qui porte qu'aucun bâtiment ne sera réputé français s'il n'appartient entièrement à des Français. Toutefois, la moitié au moins de la propriété devra appartenir à des Français [1]. — CONSTRUCTION. [Libre sauf payement des droits d'importation fixés par la loi du 11 janvier 1892, tableau A n° 615.] [2] — *Loi sur la marine marchande du* 7 *avril* 1902. *Art.* 17 (modifiant l'article 2 précité). Toutefois les équipages des navires pratiquant le cabotage international colonial, sans attache avec la métropole, pourront être composés de marins non français à l'exception : 1° de tous les officiers (capitaine, second, chef mécanicien, lieutenant, etc.); 2° du maître d'équipage ; 3° d'un minimum de deux marins inscrits

[1] En ce qui concerne les sociétés, la loi sur la marine marchande du 7 avril 1902 a édicté les nouvelles dispositions ci-après, en se bornant, il est vrai, à en faire la condition du droit aux primes et sans qu'il soit dit qu'il y faille voir une condition exigée pour la francisation et la nationalité des navires : Art. 1er, § 2. « La compensation d'armement et la prime à la navigation prévues aux articles 2 et 3 sont soumises aux conditions suivantes : Les sociétés anonymes ou autres, propriétaires de bâtiments recevant l'une de ces allocations, devront avoir dans leur conseil d'administration ou de surveillance une majorité de citoyens français. Le président du conseil d'administration, l'administrateur délégué ou le gérant devront être Français. — Lorsqu'il sera établi que le propriétaire français, société ou individu bénéficiant des avantages de la loi est une personne interposée et que le réel propriétaire est étranger, les primes seront immédiatement supprimées..... »

[2] La disposition de la loi du 21 septembre 1793, qui exigeait la construction en France, s'est trouvée abrogée par l'effet de la loi du 19 mai 1866 sur la marine marchande.

maritimes dont l'un pour la manœuvre et l'autre pour la machine. Le nombre des marins inscrits français pourra être réduit : 1° sur les navires à vapeur d'un tonnage net inférieur à 1,000 tonneaux, à cinq, savoir : le capitaine, le second, le chef-mécanicien, le maître d'équipage, un inscrit maritime français pour la machine; 2° sur les navires à voile d'un tonnage net inférieur à 1,000 tonneaux, savoir : le capitaine, le second, un maître d'équipage, un inscrit maritime français; 3° sur les navires à vapeur ou à voiles d'un tonnage net inférieur à 400 tonneaux, à trois, savoir : le capitaine, le second, le chef mécanicien si le navire est à vapeur, ou un inscrit maritime français pour la manœuvre si le navire est à voiles. [La même loi, article 14, prévoit également l'élaboration d'un règlement d'administration publique sur les conditions dans lesquelles il pourra être procédé dans les colonies à la francisation des navires.]

GRANDE-BRETAGNE.

Loi sur la marine marchande du 25 août 1894 [*Merchant Shipping Act.* 1894, 57 et 58 Vict., ch. 50] [1]. — NATIONALITÉ DES PROPRIÉTAIRES. — *Art.* 1er. Un navire ne sera considéré comme navire britannique que s'il appartient en entier à des personnes rentrant dans les catégories ci-dessous décrites (lesdites personnes sont citées dans la présente loi sous le nom de *personnes ayant les qualités requises pour être propriétaires de navires britanniques*), savoir : *a*) les sujets nés britanniques; *b*) les individus naturalisés par ou en vertu d'un acte du parlement du Royaume-Uni, ou encore par ou en exécution d'un acte ou d'une ordonnance de l'autorité législative compétente d'une possession britannique; *c*) les individus admis à la jouissance des droits civils par *denization*; *d*) les associations établies conformément aux lois et soumises à la législation d'une des possessions de Sa Majesté et ayant leur principal établissement dans ladite possession. Toutefois, tout individu qui 1° étant sujet né britannique a prêté serment d'allégeance à un souverain ou à un État étranger, ou est autrement devenu citoyen ou sujet d'un État étranger ; 2° ou qui a été naturalisé ou *denizé* comme il est dit ci-dessus, n'aura les

---

[1] Nous avons publié cette loi en français sous le titre de *Code maritime britannique* (Paris, 1894).

qualités requises pour être propriétaire de navire britannique que si, après avoir prêté ledit serment, ou être devenu citoyen ou sujet d'un État étranger, ou en devenant ou après avoir été naturalisé ou *denizé* comme il est dit ci-dessus, il a prêté le serment d'allégeance à Sa Majesté la Reine et que si, pendant le temps qu'il est propriétaire du navire, il réside dans les domaines de Sa Majesté ou est associé dans une entreprise opérant dans les domaines de Sa Majesté. — NATIONALITÉ DU CAPITAINE ET DE L'ÉQUIPAGE. [Pas de règle.] — CONSTRUCTION. [Pas de règle.]

N.- B. — Aux termes de l'article 69 de la même loi : « Si une personne fait usage du pavillon britannique et prend les couleurs nationales britanniques à bord d'un navire qui est en tout ou en partie la propriété de personnes n'ayant pas les qualités requises pour être propriétaires d'un navire britannique, dans le but de faire passer ce navire pour un navire britannique, le navire sera sujet à confiscation en vertu de la présente loi, à moins que ce caractère ait été assumé pour échapper à la prise d'un ennemi ou d'un navire de guerre étranger dans l'exercice d'un droit quelconque de belligérant ».

GRÈCE.

Loi du 14 novembre 1836 sur la marine marchande (Διαταγμα περὶ ἐμπορικῆς ναυτιλίας)[1]. — NATIONALITÉ DES PROPRIÉTAIRES. — *Art*. 3. Il n'est pas permis aux étrangers de participer à la propriété de navires nationaux grecs pour plus de la moitié de ceux-ci; mais si, dans un pays étranger, la participation à la propriété des navires de commerce est interdite aux Grecs, alors nous nous réservons de restreindre également cette faculté. — NATIONALITÉ DU CAPITAINE. — *Art*. 5. Tous les officiers et au moins les trois quarts de l'équipage d'un navire seront Grecs. — CONSTRUCTION. — *Art*. 2. Sont seuls reconnus comme navires de commerce grecs : 1° les navires construits en Grèce; 2° les navires pris par des marins grecs dans les guerres contre la patrie ou dans les combats contre les pirates et reconnus de bonne prise; 3° les navires saisis par contravention aux lois du royaume; 4° les navires naufragés sur les côtes de Grèce et ayant été vendus comme incapables d'un nouveau voyage et réparés dans le royaume; 5° les navires appartenant à un Grec qui, abandonnant un pays étranger pour revenir en Grèce, les rattache au

[1] Ὑπουργειον Ναυτικων Συλλογη των Κυριωτερων Νομων Διαταγματων και εγκυκλιων Σχετιζομενων υπος την ελληνικην εμπορικην ναυτιλιαν και την λιμενικην υπηρεσιαν (Athènes, 1893), p. 25.

nouveau lieu de sa résidence ; 6° [Disposition transitoire] ; 7° les navires étrangers achetés en Grèce ou hors de Grèce par des Grecs, poussés à cette acquisition par une raison d'intérêt majeur.

HONGRIE.

Voir *Autriche-Hongrie.*

ITALIE.

Code de la marine marchande [*Codice per la marina mercantile*] modifié par la loi du 24 mai 1877 [*Gaz. off.* 7 juillet 1877, n° 158]. Le code de 1877 a remplacé celui de 1865 antérieurement en vigueur[1]. NATIONALITÉ DES PROPRIÉTAIRES. — *Art.* 40. Pour obtenir l'acte de nationalité, les navires doivent appartenir à des citoyens de l'État ou à des étrangers y ayant leur domicile ou leur résidence depuis cinq ans au moins. Toutefois, les étrangers, quoique non domiciliés ni résidant dans l'État, pourront participer à la propriété des navires nationaux jusqu'à concurrence d'un tiers. Pour l'application du présent article, les sociétés en nom collectif ou en commandite quoiqu'ayant leur siège à l'étranger, seront considérées comme des nationaux si l'un des associés solidaires, donnant son nom à ladite société, est citoyen de l'État. Les sociétés ayant cette même nature, qui sont composées d'étrangers mais qui sont établies ou ont leur siège principal dans l'État sont assimilées aux étrangers domiciliés dans l'État. Les sociétés anonymes sont considérées comme nationales si leur siège social principal est dans l'État et si les assemblées générales y ont lieu. Les succursales des sociétés étrangères autorisées par le Gouvernement à opérer dans l'État, sont assimilées aux étrangers domiciliés ou résidant dans l'État, pourvu qu'elles y aient un représentant muni d'un mandat général. — NATIONALITÉ DU CAPITAINE ET DE L'ÉQUIPAGE. — *Art.* 71, § 2. Dans l'armement du navire, le capitaine ou patron et les deux tiers au moins de l'équipage doivent être des nationaux. Les agents consulaires à l'étranger pourront toutefois, selon la nécessité des cas, autoriser l'enrôlement de marins étrangers au delà de la proportion prescrite. Quant au capitaine ou

---

[1] Le Code de la marine marchande italien a été traduit en français par M. H. Prud'homme (Paris, 1896).

patron et au second du bord, il ne sera pas permis d'avoir recours à des étrangers à moins que cela soit rendu nécessaire par l'impossibilité de se procurer des nationaux. — CONSTRUCTION. [Pas de règle.]

JAPON,

Loi du 7 mars 1899 sur la marine marchande (Loi n° 46 de la 32ᵉ année de Meiji, promulguée le 7ᵉ jour du 3ᵉ mois)[1].— NATIONALITÉ DES PROPRIÉTAIRES. — *Art.* 1ᵉʳ. Seront considérés comme navires japonais les navires désignés ci-après : 1° les navires appartenant au gouvernement japonais ou à une administration publique japonaise ; 2° les navires appartenant à un ou plusieurs sujets japonais ; 3° les navires appartenant aux sociétés de commerce japonaises ayant leur principal établissement au Japon ; toutefois en cas de sociétés en nom collectif (*gomei-kwaisha*), tous les associés, et en cas de sociétés en commandite (*goshi-kwaisha*), ou de sociétés en commandite par actions (*kabushiki-goshi-kwaisha*) tous les associés personnellement responsables et en cas de sociétés par actions (*kabushiki-kwaisha*) tous les administrateurs, devront être sujets japonais ; 4° les navires appartenant à une ou plusieurs personnes morales ayant leur principal établissement au Japon et dont les représentants seront sujets japonais. Les navires appartenant à une société en commandite (*goshi-kwaisha*) constituée et régie conformément aux dispositions de l'ancien Code de commerce, seront réputés navires japonais si tous les administrateurs sont sujets japonais. — NATIONALITÉ DU CAPITAINE. [Libre.] — NATIONALITÉ DE L'ÉQUIPAGE. [Libre.] — CONSTRUCTION. [Libre.]

MEXIQUE.

NATIONALITÉ DES PROPRIÉTAIRES. — Ordonnance du 9 janvier 1856. Être citoyen né ou naturalisé mexicain. — NATIONALITÉ DU CAPITAINE. — *Code de commerce de* 1889, *art.* 683 et *Ord. du 28 janvier* 1826. Les capitaines et les patrons devront être Mexicains, avoir la capa-

---

[1] On trouvera le texte complet de cette loi, que nous avons traduite d'après une version anglaise, dans l'*Annuaire de Législation étrangère* de la Société de Législation comparée, tome XXIX (1900), d. 800.

[2] Le Code de commerce mexicain a été traduit en français par M. H. Prudhomme (Paris, 1894).

cité légale, etc.— NATIONALITÉ DE L'ÉQUIPAGE.— *C. com.* 1899, *art.* 709, § 1er. Le capitaine pourra composer l'équipage de son navire du nombre d'hommes qu'il jugera convenable et, à défaut de marins mexicains, il pourra embarquer des étrangers domiciliés dans le pays, sans que toutefois leur nombre puisse dépasser le chiffre fixé par la loi. Lorsque, dans les ports étrangers, le capitaine ne trouvera pas un nombre suffisant de matelots nationaux, il pourra compléter l'équipage avec des étrangers avec l'adhésion du consul ou des autorités de la marine. — *Ord. du 28 janvier* 1826. A bord des navires de commerce mexicains, les fonctions de capitaine, pilote, contremaître et les deux tiers de l'équipage seront remplies par des Mexicains. — CONSTRUCTION. [Pas de règle sauf les formalités de nationalisation prescrites par la circulaire du 16 août 1830.]

N.- B. — Il a été promulgué au Mexique, en 1895, un Code de la marine marchande (*Codigo de la marina mercante nacional de los Estados Unidos Mexicanos*) (Mexico, 1895) dont les dispositions, d'après les renseignements qui nous sont parvenus, n'ont pas été mises en vigueur officiellement, mais qui, cependant, servent de règles de conduite. En ce qui touche la question qui nous occupe, ces dispositions sont les suivantes : NATIONALITÉ DES PROPRIÉTAIRES. — « *Art.* 210. Ont le droit d'être propriétaires de navire mexicain : 1° les citoyens mexicains d'origine ou par naturalisation et les étrangers domiciliés ayant cinq années de résidence dans le pays. — On entendra par domicilié l'étranger qui a une résidence continue de deux années dans le pays; 2° les étrangers, quoique non domiciliés ni résidant dans le pays, pourront participer à la propriété jusqu'à concurrence des trois quarts. — Pour l'application du présent article, les sociétés en nom collectif ou en commandite, quoique ayant leur siège à l'étranger, seront considérées comme nationales si l'un des associés solidairement responsables, qui donne le nom à ladite société, est citoyen mexicain. — *Art.* 211. Les sociétés de cette nature, composées d'étrangers, mais établies et ayant leur siège principal dans le pays, sont assimilées à l'étranger domicilié. — *Art.* 212. La société anonyme est considérée comme nationale si son siège principal est dans le pays et si ses assemblées générales s'y tiennent. — *Art.* 213. Les sociétés étrangères autorisées par la loi pour faire des opérations dans le pays, sont assimilées aux étrangers domiciliés ou résidant, à condition d'y avoir constamment un représentant accrédité par décision du gouvernement et muni d'un pouvoir général. » — NATIONALITÉ DU CAPITAINE. — « *Art.* 404..... Pour être capitaine de navire mexicain, il faut : 1° être Mexicain de naissance ou d'adoption;..... ». — NATIONALITÉ DE L'ÉQUIPAGE. — « *Art.* 151. L'équipage de tout navire national doit comprendre au moins un tiers de Mexicains — Aucun individu appartenant à une nation en guerre avec la République ne pourra faire partie de l'équipage d'un navire national, sous peine d'une amende de 1 à 1000 *pesos* à la charge de l'armateur. » — CONSTRUCTION. — [Pas de règle.]

NORVÈGE.

Voir *Danemark*.

Loi maritime du 20 juillet 1893. — NATIONALITÉ DES PROPRIÉTAIRES. — *Art.* 1er. Un navire est norvégien lorsqu'il est la propriété exclusive de sujets norvégiens ou, s'il est la propriété d'une association de sujets norvégiens et suédois, quand l'armateur-gérant est sujet norvégien et domicilié en Norvège. Si le navire appartient à une société par actions, il est Norvégien quand le bureau principal de la société et le siège de l'administration se trouvent dans ce royaume et que l'administration se compose de sujets norvégiens, propriétaires d'action. — CONSTRUCTION. [Libre.] — NATIONALITÉ DU CAPITAINE ET DE L'ÉQUIPAGE. [Libre.]

PAYS-BAS.

Loi du 28 mai 1869 sur la nationalité des navires (*Wet betrekkelijk de afgifte van zeebrieven en vergunningen tot het voeren der Nederlandsche vlag*) [1]. — *Art.* 1er. Tout navire de mer qui porte le pavillon néerlandais, doit être muni d'une lettre de mer, délivrée conformément aux dispositions de la présente loi. — NATIONALITÉ DES PROPRIÉTAIRES. — *Art.* 2. Des certificats de nationalité ne sont délivrés qu'aux navires de mer, appartenant pour plus de moitié : *a*) à des personnes établies dans les Pays-Bas ; *b*) à des sociétés en nom collectif ou en commandite, établies dans les Pays-Bas, pourvu que la moitié au moins des associés en nom collectif ou des associés solidairement responsables de la société en commandite soient établis dans les Pays-Bas ; *c*) à des sociétés de commerce anonymes ou à des corporations qui possèdent la personnalité civile, les unes et les autres établies dans les Pays-Bas et constituées conformément aux dispositions légales en vigueur, pourvu que la moitié au moins des administrateurs soient établis dans les Pays-Bas. Le siège de l'administrateur dont parle l'article 330 du Code de commerce doit toujours être dans les Pays-Bas. Sont considérés comme établis dans les Pays-Bas, au point de vue de la présente loi : 1º les Néerlandais domiciliés dans les Pays-Bas ; 2º toutes autres personnes qui ont leur domicile dans les Pays-Bas pendant l'année qui précède le jour où le certificat est demandé. — NATIONALITÉ DU CAPITAINE ET DE L'ÉQUIPAGE. [Libre.] — CONSTRUCTION. [Libre.]

[1] Stbl. nº 96 ; — Oudeman, *Wetboek van Koophandel* ('s Gravenhage, 1898), p. 304 ; — J. van Eik, *Aperçu de la législation néerlandaise récente sur la nationalité des navires* dans la *Revue de Droit international*, tome II (1870), p. 573.

PORTUGAL.

Acte de navigation (*acto de navegaçao*), décret du 8 juillet 1863. [1]
— *Art.* 1er. Les conditions de nationalité des navires marchands portugais ont pour objet : 1o la construction ou l'origine du navire ; 2o les propriétaires ou armateurs ; 3o le capitaine et les officiers qui le commandent ; 4o l'équipage qui le monte. — ORIGINE DU NAVIRE. — *Art.* 2. Pour qu'un navire marchand soit réputé portugais, il doit être de construction portugaise. — *Art.* 3. Mais les navires étrangers ou de construction étrangère seront considérés comme nationaux à tous les égards : 1o s'ils sont achetés par des sujets portugais, une fois qu'ils ont payé le droit de tonnage établi par décret du 11 août 1852, etc. ; 2o s'ils sont légitimement pris et déclarés de bonne prise ; 3o s'ils sont déclarés confisqués pour quelque infraction aux lois ; 4o s'ils appartiennent à des sociétés de navigation ou de remorquage établies en Portugal et légalement autorisées. — NATIONALITÉ DES PROPRIÉTAIRES. — *Art.* Ne sera pas considéré comme portugais tout navire, même de construction portugaise, dont la propriété n'appartiendra pas en entier à des Portugais ou à des étrangers naturalisés. — *Art.* 6. Seront considérés comme portugais, au regard de l'article 4, les navires appartenant à des compagnies de navigation ou de remorquage établies en Portugal et légalement autorisées. — NATIONALITÉ DU CAPITAINE ET DE L'ÉQUIPAGE. — *Art.* 8. Le capitaine ou patron et le subrécargue doivent être portugais ou étranger naturalisé. — *Art.* 9. Parmi les individus qui constituent l'équipage, les deux tiers au moins doivent être Portugais ou étrangers naturalisés, sous réserve des dispositions des traités.

RUSSIE.

(La Finlande a un code maritime qui lui est propre ; voir à *Finlande*.)

Code de commerce, édition de 1893 [2]. — NATIONALITÉ DES PROPRIÉ-

---

[1] Carlos L. S. Diniz, *Repertorio da Legislaçao permanente da Armada* (Lisboa, Imprensa Nacional, 1894), tome I, p. 7.

[2] *Code de commerce russe, traduit et annoté sur l'édition officielle de 1893, avec introduction*, par J. Tchernow (Paris, 1898).

TAIRES. — *Art.* 138. Seuls les sujets russes ont le droit d'arborer le pavillon de commerce russe. Jouissent du même droit : 1º les sociétés russes par actions qui ont le siège de leur administration et de leurs bureaux principaux sur le territoire de l'Empire; 2º les maisons de commerce légalement établies, si l'un des directeurs principaux ayant la signature est sujet russe; 3º les personnes qui se sont associées pour acheter ou construire un navire à frais communs, si l'associé principal est sujet russe. — NATIONALITÉ DU CAPITAINE ET DE L'ÉQUIPAGE. — *Art.* 190. Les navires russes peuvent être montés par des matelots étrangers, mais à la condition qu'ils ne dépassent pas le quart du nombre total de l'équipage, sauf dans le cas où le nombre des matelots étrangers est déterminé par des traités ou des conventions réglant cette matière. Les capitaines sont toujours sujets russes. — [N. B. D'après Tchernow, *traduction du C. co. russe, introduction* (p. 21) et *remarque sur l'article* 190 (p. 52), en 1848 et 1863, il aurait été décidé, par dérogation à la disposition ci-dessus, que jusqu'à nouvel ordre, les capitaines, seconds, pilotes et matelots de nationalité étrangère seraient admis sans restriction à bord des navires de commerce. Mais les armateurs usant de cette faculté sont soumis à un impôt de 25 roubles par matelot étranger au-dessus de la limite ci-dessus fixée.]

SUÈDE.

Voir *Danemark.*

Loi maritime du 12 juin 1891 [1]. — NATIONALITÉ DES PROPRIÉTAIRES. — *Art.* 1er. Un navire est réputé suédois lorsque, pour les deux tiers au moins, il est la propriété de sujets suédois ou d'une association de sujets suédois et norvégiens, ou lorsqu'il appartient à une société par actions dont l'administration a son siège dans ce royaume et se compose d'actionnaires suédois. L'armateur-gérant doit toujours être suédois et domicilié dans ce royaume [2]. — CONSTRUCTION. [Libre.] — NATIONALITÉ DU CAPITAINE ET DE L'ÉQUIPAGE. [Libre.]

---

[1] La traduction ci-dessus est empruntée à celle donnée par M. L. Beauchet dans la *Collection des Codes étrangers.*

[2] Antérieurement, les ordonnances du 18 juin 1868, art. 1er, et du 4 juin 1868, reconnaissaient à un navire la nationalité suédoise même s'il était la propriété exclusive de sujets norvégiens. Cette disposition a été abrogée implicitement par l'art. 1er ci-dessus de la loi de 1891.

TURQUIE.

Code de commerce maritime de 1864[1]. Titre I. Des navires et autres bâtiments. — NATIONALITÉ DES PROPRIÉTAIRES. — *Art.* 1er. (*Ainsi modifié par une loi promulguée en mai* 1870). Les sujets étrangers ne pourront pas posséder en totalité, ni en partie, un navire sous pavillon ottoman. Un navire ottoman ne pourra être vendu en entier à un sujet étranger, qu'en tant qu'on aura retiré préalablement les pièces constatant la nationalité ottomane dudit navire[2]. — NATIONALITÉ DU CAPITAINE ET DE L'ÉQUIPAGE. [Libre.] — CONSTRUCTION. — *Art.* 2. *Ibid.* Les sujets ottomans peuvent acquérir la propriété d'un navire étranger et le faire naviguer sous pavillon ottoman aux mêmes conditions que les navires nationaux, mais le contrat de leur acquisition ne peut renfermer aucune clause ou réserve contraire à l'article précédent au profit d'un étranger sous peine de confiscation du navire.

URUGUAY.

Code de commerce[3]. — NATIONALITÉ DES PROPRIÉTAIRES. — *Art.* 1045. La propriété des navires marchands peut appartenir indistinctement à toute personne qui, en vertu des lois générales, a la capacité pour acquérir; mais l'expédition doit être faite nécessairement sous le nom et la responsabilité directe d'un propriétaire, ayant part ou armateur, ayant les qualités requises pour exercer le commerce (art. 8 et suivants)[4]. — NATIONALITÉ DU CAPITAINE ET DE L'ÉQUIPAGE. [Libre.] — CONSTRUCTION. [Libre.]

---

[1] G. Aristarchi Bey, *Législation ottomane, ou recueil des lois, règlements, etc. de l'empire ottoman* (Constantinople, 1873), tome I, p. 344.

[2] L'ancien texte portait : « A moins d'être sujet ottoman, nul ne peut être propriétaire en tout ou en partie d'un navire portant pavillon ottoman, ni faire partie d'une société quelconque formée pour l'exploitation de tels navires ». Comme on le voit, la modification apportée permet à un étranger de faire partie d'une société ottomane pour l'exploitation de navires de nationalité ottomane, ce qui n'était pas possible avec l'ancien texte.

[3] *Codigos y Leyes usuales de la Republica Oriental del Uruguay, coleccionados,* etc , por J.-J. de Aréchaga. *Dodigo de Comercio,* 2ª éd. (Montevideo, 1900).

[4] Aux termes de l'article 8 du Code de commerce, toute personne ayant la libre disposition de ses biens peut exercer le commerce. Aux termes de l'article 34 du même code, les étrangers peuvent exercer librement le commerce avec les mêmes droits et obligations que les citoyens de l'État.

N. B. — L'usage du pavillon national est réglé en Uruguay par le Règlement du 24 mai 1884, chap. 1er : *Del uso de la bandera oriental en los buques* [1] dont les dispositions sont les suivantes : *Art.* 1. L'usage du pavillon oriental à bord des navires ne sera permis que lorsque le propriétaire remplit les conditions requises par l'article suivant. — *Art.* 2. La demande en vue du droit de pavillon (*embanderamiento*) du navire, dont parle l'article précédent, doit être présentée au Ministre de la guerre et de la marine et être accompagnée : 1° du titre de propriété du navire ; 2° du jaugeage, délivré par l'autorité compétente ; 3° de la patente étrangère s'il s'agit d'un navire qui était enregistré à l'étranger, ou l'autorisation de construction, délivrée par les autorités maritimes dans le cas où le navire a été construit dans le pays.

TERRITOIRES DE L'OCÉAN INDIEN, DE LA MER ROUGE ET DU GOLFE PERSIQUE.

RÈGLEMENT INTERNATIONAL CONCERNANT L'USAGE DU PAVILLON. — Acte général de la Conférence de Bruxelles du 2 juillet 1890 (approuvé en France par la loi du 29 décembre 1891, ratifié et promulgué par le décret du 12 février 1892 ; *Journal officiel*, n° du 13 février 1892), chap. III, § 2. — *Règles pour la concession du pavillon aux bâtiments indigènes*, etc. — *Art.* 31. La qualification de bâtiment indigène s'applique aux navires qui remplissent une des conditions suivantes : 1° présenter les signes extérieurs d'une construction ou d'un gréement indigène ; 2° être montés par un équipage dont le capitaine et la majorité des matelots soient originaires d'un des pays baignés par les eaux de l'océan Indien, de la mer Rouge ou du golfe Persique. — *Art.* 32. L'autorisation d'arborer le pavillon d'une desdites puissances [2] ne sera accordée à l'avenir qu'aux bâtiments indigènes qui satisferont à la fois aux trois conditions suivantes : 1° les armateurs ou propriétaires devront être sujets ou protégés de la puissance dont ils demandent à porter les couleurs ; 2° ils seront tenus d'établir qu'ils possèdent des biens-fonds dans la circonscription de l'autorité à qui est adressée leur demande, ou de fournir une caution solvable pour la garantie des amendes qui pourraient être éventuellement encourues ; 3° lesdits armateurs ou propriétaires ainsi que le capitaine du bâtiment, devront fournir la preuve qu'ils jouissent

[1] On trouvera ce règlement dans le recueil de règlements maritimes intitulé *Comandancia de Marina y capitanial general de puertos. Disposiciones reglamentarias* (Montevideo, 1899), p. 13 et suiv.

[2] Puissances signataires de l'acte de Bruxelles : France, Allemagne, Autriche-Hongrie, Belgique, Danemark, Espagne, Congo, États-Unis d'Amérique, Grande-Bretagne, Italie, Pays-Bas, Perse, Portugal, Russie, Suède, Norvège, Empire Ottoman, Zanzibar.

d'une bonne réputation et notamment n'avoir jamais été l'objet d'une condamnation pour faits de traite. — *Art.* 33. L'autorisation devra être renouvelée chaque année. Elle pourra toujours être suspendue ou retirée par les autorités de la puissance dont le bâtiment porte les couleurs. — *Art.* 34. L'acte d'autorisation portera les indications nécessaires pour établir l'identité du navire. Le capitaine en sera détenteur. Le nom du bâtiment indigène et l'indication de son tonnage devront être incrustés et peints en caractères latins à la poupe, et la ou les lettres initiales de son port d'attache, ainsi que le numéro d'enregistrement dans la série des numéros de ce port, seront imprimés en noir sur les voiles.

Tableau résumé des conditions requises dans les différents pays pour la nationalité des navires.

PAYS.	CONSTRUCTION.	PROPRIÉTÉ.	COMPOSITION DE L'ÉQUIPAGE.	CAPITAINE.
Allemagne (*Empire d'*) (L. 22 juin 1899).	Libre...........	Exclusivement allemande ; dispositions spéciales relatives aux sociétés.	Libre.............................	Libre.
Argentine (*République*) (Code de Comm. 1889).	Libre...........	Libre.............................	Au cabotage et, sauf autorisation contraire, au moins un argentin à bord (Déc. des 6 avril 1875 et 9 sept. 1880).	Libre.
Autriche-Hongrie (L. 7 mai 1879).	Libre...........	2/3 à des Autrichiens ; dispositions spéciales relatives aux sociétés.	Libre, sauf au long cours un pilote autrichien.	Autrichien.
Belgique (L. 20 janv. 1873).	Libre...........	1/2 belge ; dispositions spéciales relatives aux sociétés.	Libre..........................	Libre.
Brésil (Code de Comm. 1890).	Libre...........	Exclusivement brésilienne..........	Libre.............................	Brésilien.
Chili (acte de navigation du 24 juin 1878).	Libre...........	Chilienne ; ou à un étranger domicilié ou ayant au Chili, dans une société ou entreprise, un capital ou intérêt égal à la moitié de la valeur du navire, ou ayant fourni caution égale à ladite moitié.	Au moins 1/3 Chiliens...............	Libre.
Danemark (L. 1er av. 1892).	Libre.........	2/3 au moins à des Danois ou domiciliés ; dispositions spéciales pour les sociétés.	Libre...........................	Libre
Égypte (C. Com. marit.).	Libre...........	Exclusivement ottomane............	Libre	Libre.
Espagne (Ord. div. et C.).	Libre...........	Exclusivement espagnole............	4/5 Espagnols	Espagnol.
États-Unis (*Stat. Rev.*, art. 4131-2).	Américaine.....	Exclusivement américaine...........	Tous les officiers, pilote et officiers mécaniciens, Américains.	Américain.
Finlande (C. marit. 1873).	Libre..........	Exclusivement finlandaise..........	Libre.............................	Finlandais.

PAYS.	CONSTRUCTION.	PROPRIÉTÉ.	COMPOSITION DE L'ÉQUIPAGE.	CAPITAINE.
France (Déc. 21 sept. 1793; L. 9 juin 1845; L. 49 mai 1866; L. 7 avril 1902).	Libre.	1/2 au moins à des Français; dispositions spéciales pour les sociétés en ce qui concerne l'attribution des primes.	Officiers et 3/4 Français, sauf exception aux colonies.	Français.
Gde-Bretagne (*Merchant Shipping Act* 1894).	Libre	Exclusivement britannique.	Libre	Libre.
Grèce (L. 14 nov. 1836). .	Grecque, sauf exception devenue constante.	1/2 au moins à des Grecs.	3/4 Grecs et les officiers.	Grec.
Hongrie (voir *Autriche*). .	»	»	»	»
Italie (C. mar. merc.). . . .	Libre	2/3 au moins italienne; dispositions spéciales pour les sociétés.	2/3 Italiens.	Italien.
Japon (L. 7 mars 1899). . .	Libre	Japonaise; dispositions spéciales pour les sociétés.	Libre	Libre.
Mexique (C. mar. merc. 1895).	Libre	Mexicains ou domiciliés	Pilote et 1/3 Mexicains.	Mexicain.
Norvège (L. 20 juil. 1893). .	Libre	Exclusivement norvégienne; dispositions spéciales pour les sociétés.	Libre	Libre.
Pays-Bas (L. 28 mai 1869).	Libre	1/2 au moins à des personnes établies aux Pays-Bas; dispositions spéciales pour les sociétés.	Libre	Libre.
Portugal (D. 8 juil. 1863).	Libre	Exclusivement portugaise	Subrécargue et 2/3 au moins Portugais.	Portugais.
Russie (C. Com.).	Libre	Exclusivement russe; dispositions spéciales pour les sociétés.	3/4 au moins Russes.	Russe.
Suède (L. 12 juin 1894). . .	Libre	2/3 au moins suédoise; dispositions spéciales pour les sociétés.	Libre	Libre.
Turquie (C. Com. marit.; L. mai 1870).	Libre	Exclusivement ottomane.	Libre	Libre.
Uruguay (C. Com.).	Libre	Libre	Libre	Libre.

www.ingramcontent.com/pod-product-compliance
Lightning Source LLC
Chambersburg PA
CBHW060508200326
41520CB00017B/4948